634

LÉGISLATION

DES

CONSEILS DE PRUD'HOMMES

Rapport de M. VINDRY

LYON
IMPRIMERIE DU SALUT PUBLIC
71, RUE MOLIÈRE, 71

1899

LÉGISLATION

DES

CONSEILS DE PRUD'HOMMES

Rapport de M. VINDRY

LYON

IMPRIMERIE DU SALUT PUBLIC

71, RUE MOLIÈRE, 71

1899

LÉGISLATION

DES

CONSEILS DE PRUD'HOMMES

(Rapport de M. VINDRY)

Dans la séance du vingt-trois novembre 1899, où se trouvent réunis :

M. Auguste Isaac, *Président;*

M. J. Coignet, *Vice-Président ;*

MM. Et. Testenoire, Mangini, F. Favre, A. Teste, F. Ricard, P. Vindry, E. Richard, G. Lyonnet, Ed. Payen, Martial Paufique, L. Chavent, U. Pila, G. Chambeyron, *Trésorier,*

M. Vindry présente le rapport suivant au nom de la Commission des intérêts publics :

Messieurs,

La Commission permanente du Conseil supérieur du travail, consultée par M. le Ministre du commerce sur les modifications qui pourraient être apportées à la législation sur les Conseils de prud'hommes, ayant exprimé l'avis qu'il y avait lieu d'ouvrir une enquête sur cette question, M. le Ministre du commerce a adressé à notre Chambre un questionnaire visant une refonte complète de la législation,

C'est là un sujet d'un intérêt particulier pour notre ville qui revendique à juste titre l'honneur d'avoir inspiré la création de ces tribunaux de conciliation et qui, la première en France, en a été dotée par la loi de 1806. C'est à Lyon et spécialement en vue de la fabrique lyonnaise, que cette institution est née et s'est ensuite généralisée. C'est à l'instigation des Conseils de prud'hommes de notre ville que la loi du 7 février 1880, complétée en 1884, a été votée. Aussi votre Commission des intérêts publics à laquelle vous en avez renvoyé l'examen, a-t-elle fait du questionnaire soumis par M. le Ministre du commerce une étude très approfondie.

C'est le résultat de cette étude que j'ai l'honneur de vous soumettre dans les réponses suivantes aux diverses questions qui nous sont posées.

1ʳᵉ QUESTION. — *Y a-t-il lieu d'étendre la compétence actuelle des Conseils de prud'hommes à d'autres catégories de justiciables, employés de commerce, ouvriers mineurs ?*

Dans l'affirmative, y aurait-il lieu de constituer pour ces derniers des Conseils distincts, ou suffirait-il d'établir des catégories spéciales dans les Conseils existants ?

En ce qui concerne les employés de commerce, votre Commission estime qu'il n'y a pas lieu d'étendre la compétence des Conseils de prud'hommes aux employés de commerce ; les motifs qui, depuis l'origine, ont limité l'action prud'homale aux différends entre fabricants et ouvriers à l'occasion du travail industriel existent encore avec toute leur force et ce serait enlever à ce tribunal arbitral son véritable caractère que d'étendre, même partiellement, sa compétence à toutes les difficultés surgissant entre salariants et salariés. En effet les contestations qui s'élèvent entre patrons et employés sont d'ordre général et il s'agit le plus souvent d'appréciations de droit pour lesquelles le juge ordinaire est plus spécialement qualifié. Beaucoup d'employés ont des situations importantes, garanties par des contrats aux clauses complexes ; d'autres sont intéressés dans les bénéfices, presque associés. L'examen et la solution des litiges résultant de ces contrats de louage d'ouvrage comportent des explications longues, des plaidoiries, des expertises et des vérifications d'écritures. N'est-il pas évident que ces procès doivent être étudiés avec une méthode et une organisation différentes de celles des prud'hommes ? Il serait arbitraire de fixer un minimum d'appointement pour déterminer la compétence, et en outre difficile de distinguer si un conflit est d'ordre technique ou d'ordre commercial. Il résulterait encore de cette classification des conflits de juridiction, des frais et des retards dans la solution des litiges.

Actuellement, pour l'application de leurs contestations avec leurs patrons, les employés ont le choix entre la juridiction civile et la juridiction commerciale. Il n'y a rien à changer à cette organisation qui assure toute liberté et toute garantie aux justiciables en leur laissant au surplus, pour les litiges importants, la facilité de l'appel devant la Cour.

Les partisans de l'extension de la compétence prud'hommale invoquent le droit des employés de se faire juger par leurs pairs comme les ouvriers. L'adoption de cette théorie et l'application à tous les salariés de ce privilège réservé exclusivement aux ouvriers dans leurs conflits industriels avec leurs patrons, tendraient à rétablir tous les tribunaux corporatifs, supprimés en 1789, pour annihiler à peu près complètement les tribunaux de droit commun. « A ce compte, disait M. le sénateur « Roger dans son discours du 28 février 1889, qui fit échouer le projet devant le « Sénat, il faudrait créer demain des prud'hommes domestiques, parce que le « domestique vous dira que, lorsqu'il plaide avec son maître, il ne veut pas être « jugé par le juge de paix qui est un patron, un maître. »

Enfin, au point de vue financier, les nouveaux groupes de justiciables nécessiteraient la création de sections et de juges qui seraient un surcroît de dépenses à la charge des villes.

En résumé, la juridiction des prud'hommes a été spécialement organisée et composée pour apprécier les contestations techniques et professionnelles entre patrons et ouvriers ; elle constitue une exception dans l'ordre des juridictions, un privilège légitimé par la particularité des litiges qu'il convient de limiter aux seules catégories d'ouvriers d'industrie.

Par contre, en ce qui concerne les ouvriers mineurs, on peut logiquement étendre la compétence des Conseils de prud'hommes aux ouvriers mineurs, aux ouvriers électriciens et aux autres classes de travailleurs industriels qui ne sont pas encore désignés par la loi. Votre Commission pense qu'il y a intérêt, aussi bien pour les patrons que pour les ouvriers, à ce que leurs contestations, techniques, où les usages et les nécessités spéciales de chaque industrie jouent un rôle important, puissent être portées devant leurs pairs qui sont les juges les plus compétents pour trancher équitablement ces différends.

2° QUESTION. — *Dans les villes où existent plusieurs Conseils de Prud'hommes, conviendrait-il de les réunir en un seul tribunal divisé en sections distinctes, mais soumises, au point de vue de la direction générale et de la discipline intérieure, à l'autorité d'un Président ?*

Votre Commission est d'avis que lorsqu'il existe plusieurs Conseils dans une même ville, il convient de maintenir la division et l'indépendance de chaque Conseil; elle y voit le plus·sûr moyen d'obtenir une direction technique et une représentation plus égale des intérêts de toutes les industries. Cette organisation distincte semble d'autant plus rationnelle que la multiplicité des Conseils, qui se rencontre seulement dans les grands centres industriels, accuse l'importance de chaque catégorie et la nécessité d'assurer, par une division suffisante, la règlementation des usages spéciaux et la protection des droits de tous les justiciables.

3ᵉ QUESTION. — *Est-il nécessaire de modifier les conditions d'âge, de domicile et de durée d'exercice de la profession pour l'électorat et l'éligibilité?*

Votre Commission ne découvre aucune raison décisive pour changer ou modifier les conditions d'âge, de domicile et de durée d'exercice de profession pour l'électorat et l'éligibilité. Il serait imprudent d'assimiler l'électorat judiciaire et industriel à l'électorat politique.

D'une part, il importe que l'électeur chargé de nommer des juges possède les connaissances techniques et le sens pratique pour émettre un vote indépendant et éclairé. L'abaissement de l'électorat à 21 ans risquerait de compromettre l'institution elle-même en introduisant dans le corps électoral des éléments inexpérimentés, nomades et trop remuants.

D'autre part, l'élu, pour remplir dignement sa mission arbitrale, doit posséder l'expérience complète de son industrie, l'autorité de la notoriété et une honorabilité éprouvée qui ne peuvent habituellement s'acquérir avant l'âge de trente ans.

4ᵉ QUESTION. — *Les directeurs, contremaitres, chefs d'ateliers et d'une façon générale, ceux qui, placés entre le patron et l'ouvrier, sont investis d'une partie de l'autorité du premier à l'égard du second, doivent-ils être rangés dans la catégorie des électeurs patrons ou des électeurs ouvriers? Donner pour chacune de ces catégories la liste des personnes qui devraient y figurer.*

Tout en maintenant les prescriptions en vigueur, il conviendrait de les étendre en conférant l'électorat et l'éligibilité, comme prud'hommes patrons, aux directeurs de succursales dont l'importance comporte un domicile judiciaire et une véritable organisation industrielle.

Il serait également équitable d'accorder les mêmes droits aux gérants, aux directeurs et aux administrateurs délégués des sociétés par actions. La loi ferait ainsi participer à la composition des Conseils de Prud'hommes ces nombreuses sociétés qui représentent des intérêts industriels importants.

5e QUESTION. — *L'électorat devrait-il être conféré aux femmes ?*

Votre Commission estime qu'en principe la femme devrait être écartée de tout scrutin, mais depuis la loi du 25 janvier 1898, qui confère l'électorat à la femme commerçante pour les tribunaux de commerce, il paraît difficile, de lui refuser le droit de vote pour les Conseils de Prud'hommes.

6e QUESTION. — *En cas d'abstention collective aux élections, soit des patrons, soit des ouvriers, — d'élection de candidats notoirement inéligibles — de refus par les candidats élus par les patrons ou par les ouvriers d'accepter le mandat, — d'abstention systématique de leur part de siéger, convient-il de maintenir les dispositions de la loi du 10 décembre 1884, qui a décidé que le Conseil fonctionne en dépit du mauvais vouloir d'un des éléments qui le composent, quel que soit la qualité des membres régulièrement élus ou en exercice, pourvu que leur nombre soit au moins égal à la moitié du nombre total ?*
Faut-il, au contraire, abroger la loi de 1884 et décider que le Conseil ne pourra juger que lorsqu'il y aura un nombre égal de patrons et d'ouvriers ?

Votre Commission est d'avis qu'il convient d'abroger la disposition visée de la loi de 1884 et de décider qu'un Conseil ne pourra délibérer et juger que lorsqu'il comprendra un nombre égal de patrons et d'ouvriers. Cette égalité est la base même de la juridiction prud'homale, et il ne convient pas que l'équité et la justice risquent de souffrir par suite d'une abstention systématique et qu'un Conseil puisse fonctionner avec des éléments incomplets.

7e QUESTION.— *Actuellement le bureau de jugement se compose, non compris le Président ou le Vice-Président, d'un nombre égal de prud'hommes patrons et de prud'hommes ouvriers. Ce nombre étant au moins de deux patrons et de deux ouvriers, le Tribunal comprend alternativement, au minimum, deux patrons et trois ouvriers, ou trois patrons et deux ouvriers, suivant que c'est le Président ou le Vice-Président qui préside.*
On a proposé, pour établir l'équilibre entre les deux éléments, de décider que le bureau de jugement comprendrait toujours un nombre égal de patrons

et d'ouvriers, sauf, en cas de partage, à soumettre l'affaire à d'autres juges du même Tribunal, avec le même Président, et, en cas de nouveau partage, à la renvoyer, soit devant le Conseil de Prud'hommes, présidé par le Juge de paix, soit devant le Juge de paix seul. Convient-il de maintenir le mode d'organisation actuel ou de le modifier dans le sens des propositions ci-dessus ?

La législation actuelle (loi du 7 février 1880), qui décide l'élection sans alternance du Président par le Conseil, ne présente pas des garanties suffisantes et son application devient trop souvent la cause de conflits interminables.

Pour enlever toute prépondérance aux deux éléments en présence, votre Commission, après en avoir longuement délibéré, s'est déclarée favorable à la nomination du Président par l'Etat, en exprimant le vœu que le Président soit choisi de préférence parmi les magistrats ou anciens magistrats de carrière.

Dans cette hypothèse, le Vice-Président, dont l'élection n'est le plus souvent qu'une source de nouveaux conflits, pourrait être supprimé.

En l'absence du Président, le Conseil serait présidé par le prud'homme le plus ancien, avec bénéfice d'âge en cas d'égalité.

8ᵉ QUESTION. — *Le Président et le Vice-Président, qui sont actuellement nommés pour un an, devraient-ils être investis d'un mandat de plus longue durée ?*

Il y aurait lieu, pour fortifier l'autorité et l'influence du Président, d'augmenter la durée de son mandat, en le portant à deux années. Mais cette question perd de son importance si le Président est un magistrat nommé par l'Etat.

9ᵉ QUESTION. — *Y a-t-il lieu de décider que les audiences du bureau de conciliation ne sont pas publiques ?*

On pourrait, sans inconvénient, supprimer la publicité des audiences du bureau de conciliation qui, en fait, sont très peu fréquentées. Cette publicité peut nuire aux intérêts des justiciables en faisant connaître leurs difficultés et contribuer aussi à gêner et à diminuer les solutions amiables.

10ᵉ Question. — *Le taux de la compétence en dernier ressort devrait-il être augmenté ?*

Le taux de la compétence en dernier ressort ne doit pas être augmenté ; il convient de laisser à la juridiction d'appel le soin d'examiner et de trancher les différends importants.

11ᵉ Question. — *D'après la loi du 25 mai 1838 (art. 8), quand une demande reconventionnelle exclusivement fondée sur la demande principale n'est susceptible d'être jugée qu'à charge d'appel, le Juge de paix ne statue qu'en premier ressort sur la demande principale comme sur la demande reconventionnelle, bien que la demande principale soit dans les limites de la compétence du Juge de paix en dernier ressort et la sentence du Juge de paix est par suite susceptible d'appel.*
Les Tribunaux civils et de commerce, au contraire, prononcent en dernier ressort sur la demande reconventionnelle, quel que soit le chiffre, lorsqu'elle est fondée sur la demande principale elle-même (loi du 11 avril 1838, art. 2 et 639, C. de commerce). Convient-il d'appliquer ce dernier système aux Conseils de prud'hommes, afin d'éviter de laisser le choix de l'ordre de la juridiction à la merci du défendeur qui jugerait à propos de faire une demande reconventionnelle ?

Votre Commission est d'avis de ne rien changer aux prescriptions en vigueur, afin de laisser aux justiciables le bénéfice des divers degrés de juridiction.

Du reste, il est à remarquer qu'en pratique les effets de l'article 2 de la loi du 11 Avril 1838 et de l'article 639 du Code de commerce sont beaucoup plus apparents que réels, car il est toujours facile de former une demande reconventionnelle qui ne soit pas exclusivement fondée sur la demande principale.

12ᵉ Question. — *Y a-t-il lieu d'enlever aux Tribunaux de commerce l'appel des sentences des Conseils de prud'hommes ?*
Dans l'affirmative, quel devrait être le juge d'appel de ces décisions : l'Assemblée générale ou le Tribunal civil ?

Votre Commission ne voit aucune raison sérieuse pour enlever aux Tribunaux de commerce la connaissance des appels des sentences de prud'hommes. En confiant et en maintenant cette prérogative à la juridiction commerciale, le législateur de 1806 et tous ceux qui depuis lors se sont occupés fréquemment de cette question, ont voulu rendre faciles, même en appel, les solutions amiables.

En effet, devant la juridiction commerciale, la procédure est simple, rapide et peu coûteuse ; en outre, les sentences, frappées d'appel, sont toujours renvoyées en conciliation devant le Président du Tribunal ou devant une section. Là, les parties peuvent comparaître en personne, présenter facilement les moyens à l'appui de leurs prétentions, donner des explications techniques devant des juges capables d'apprécier avec expérience et de proposer avant jugement, en tenant compte des usages de chaque industrie et de toutes les circonstances du litige, une solution amiable conforme à l'équité. Il est prouvé d'après les statistiques que ce deuxième degré de conciliation réussit à obtenir, malgré les frais déjà exposés en première instance, de nombreuses transactions.

Voici, pour Lyon, la moyenne des solutions devant le Tribunal de commerce.

Sur 2900 litiges, portés par année devant les deux Conseils de prud'hommes, soieries et bâtiment, 35 à 40 sentences seulement sont déférées au Tribunal. Ce chiffre, soit dit en passant, prouve le peu d'importance de la question.

20 0/0 de ces sentences frappées d'appel sont confirmées par jugement.

30 0/0 sont infirmées pour jugement.

50 0/0 sont conciliées.

Quelle est la juridiction qui fera mieux dans l'intérêt de la conciliation et de la justice ? N'y aurait-il pas imprudence à apporter un changement à une hiérarchie qui paraît si bien harmonisée.

Du reste, il ne faut pas se faire d'illusion : en confiant aux Tribunaux civils la connaissance des appels des sentences des prud'hommes, comme le réclament certains syndicats inexpérimentés, on n'évitera, malgré tous les textes, ni l'avoué, ni les conclusions, ni les plaidoiries, ni les frais qui accompagnent inévitablement la présentation devant cette juridiction. On n'évitera pas surtout les expertises lentes et coûteuses qui deviendront inévitables par suite de l'incompétence professionnelle des juges. Ce que l'on diminuera à coup sûr, ce sont les conciliations si désirables dans ces litiges entre patrons et ouvriers et qui réussissent si bien devant la juridiction commerciale à cause de l'expérience et de la patience des magistrats.

Inutile de trop compter, en faveur de l'ouvrier, sur l'assistance judiciaire (qui fonctionne du reste aussi bien devant la juridiction commerciale que devant la juridiction civile), car, outre les délais pour l'examen des causes devant le bureau d'assistance, l'expérience prouve qu'on ne saurait fonder beaucoup d'espoir sur le zèle de ceux qui sont désignés pour défendre les droits de l'assisté.

Pour légitimer cette réforme, on allègue seulement qu'il n'est pas logique de donner à un Tribunal composé uniquement de patrons le droit de réformer une sentence rendue par un Conseil composé de patrons et d'ouvriers. On ne se plaint pas des décisions rendues en appel ; au contraire M. Sibille, député, qui a fait adopter par la Chambre, cette substitution des Tribunaux civils aux Tribunaux de commerce, reconnaît que l'on ne peut adresser à ces derniers aucun reproche : « De 1879 à 1888, dit-il, sur 410.288 affaires, un très petit nombre (en moyenne « 1 pour 100) a été soumis aux juges du second degré. Les Tribunaux d'appel « ont statué sur les affaires les plus délicates et les plus difficiles ; mais connais- « sant l'expérience des premiers juges, ils ont usé avec modération du pouvoir « d'infirmer les décisions et ils ont beaucoup plus confirmé qu'infirmé. Il en résulte « que les Tribunaux d'appel n'ont pas provoqué de critiques bien vives ».

Malgré ce sentiment qui repose sur des faits, l'honorable député conclut ainsi : « Tout en reconnaissant que la question ne préoccupe pas beaucoup l'opinion « publique, nous consentons volontiers à entrer dans la voie indiquée par la « Commission et à enlever aux juges consulaires le pouvoir qui leur est contesté » (1). Alors pourquoi changer ?

C'est une condescendance bien fâcheuse envers les réformateurs, ainsi qu'une ingrate suspicion à l'égard des Tribunaux de commerce qui ne la méritent pas.

D'ailleurs il est intéressant de constater qu'en 1895, devant la Commission du travail, après le rejet des deux modes d'appel devant l'Assemblée générale du même Conseil et devant une Cour composée d'anciens prud'hommes, les Conseils de prud'hommes eux-mêmes ont demandé, à défaut d'une juridiction autonome, le maintien de l'appel devant les Tribunaux de commerce, à cause de leur origine élective et aussi en raison des aptitudes et des connaissances techniques des magis- trats qui les composent.

Nous concluons donc, dans l'intérêt d'une bonne et prompte justice, ainsi que dans la pensée de maintenir un moyen efficace de conciliation, si utile au monde du travail et de l'industrie, à ce que les rares appels des sentences des Conseils de prud'hommes continuent à être déférés aux Tribunaux de commerce.

13e QUESTION. — *Les Prud'hommes doivent-ils être rétribués ? Si oui, faut-il leur allouer un traitement fixe ou simplement une indemnité par séance ?*

Il convient de maintenir le principe de la rétribution facultative et égalitaire, en indiquant que cette rétribution doit être modeste pour ne pas éveiller l'idée de gain et pour ménager aussi les deniers des communes intéressées, qui seules doi- vent supporter les charges de cette indemnité.

---

(1) De même devant le Sénat, M. Lockroy, rapporteur, qui a conclu aussi au changement du Tribunal d'appel, reconnaissait lui-même *qu'il était difficile d'avoir une compétence plus éclairée que celle de la juridiction du Tribunal de commerce.*

14ᵉ Question. — *Y a-t-il lieu de remplacer, pour l'installalion des Conseillers et pour la discipline des Conseils, l'intervention du Préfet par celle de l'autorité judiciaire (Tribunal civil ou Cour d'appel) ?*
Convient-il de donner aux Conseillers prud'hommes le titre de juges ?

Il n'y a pas lieu de remplacer l'intervention préfectorale pour l'installation des Conseillers prud'hommes par celle de l'autorité supérieure judiciaire, cette dernière n'ayant aucun point commun, ni aucune relation de droit avec les Conseils de Prud'hommes.

Il ne convient pas non plus de donner aux Conseillers Prud'hommes le titre de juges ; ce sont des conciliateurs et des arbitres ; leur rôle et leur titre sont très honorables ainsi.

15ᵉ Question. — *Les parties doivent-elles être admises à se faire représenter devant le Conseil de Prud'hommes? Si oui, dans quelles conditions?*

Par suite de la nature des litiges soumis aux Conseils de Prud'hommes, le bureau de conciliation devrait être fermé aux mandataires, en autorisant seulement le patron à se faire assister ou représenter par un employé spécialement accrédité par simple lettre.

Au contraire, devant le bureau de jugement, qui a charge d'examiner les procès les plus complexes, il conviendrait d'admettre les parties à se faire représenter par tout mandataire pourvu d'un pouvoir régulier.

16ᵉ Question. — *Convient-il de donner aux Conseils de Prud'hommes la dénomination de Tribunaux du travail ?*

Il faut maintenir le titre actuel qui représente exactement le rôle et le but de cette juridiction familiale, destinée à interpréter, à réglementer et à appliquer équitablement les usages et les obligations de chaque industrie, ainsi qu'à concilier les différends entre patrons et ouvriers.

17ᵉ Question. — *Quelle juridiction doit connaître des contestations de la compétence des Conseils de Prud'hommes dans les circonscriptions où les Conseils n'existent pas ?*

Il n'y a rien à modifier aux principes en vigueur qui laissent aux ouvriers et le choix entre la juridiction civile (Tribunal civil ou Juge de paix, suivant les cas et l'importance du litige) et la juridiction commerciale.

OBSERVATIONS GÉNÉRALES

En résumé, s'il paraît utile de codifier et de coordonner dans un texte unique, les nombreux décrets et lois réglementant la juridiction prud'hommale et d'introduire à cette occasion certaines réformes utiles, il faut, avant tout, se préoccuper de conserver à ce Tribunal arbitral son caractère d'origine et son but obligatoirement limité par sa composition.

Parmi les inévitables compétitions d'intérêts entre patrons et ouvriers, beaucoup ne doivent pas se régler avec toute la sévérité du droit ; il faut un ami ou un collègue, un arbitre autorisé pour présenter une transaction et faire réussir un règlement amiable, conforme à l'équité et aux usages, permettant au patron et à l'ouvrier de se concilier pour continuer à vivre et à travailler ensemble.

La juridiction des prud'hommes a joui, jusqu'à ces dernières années, d'une popularité incontestée ; mais les luttes sociales et l'esprit de parti menacent de lui faire perdre son influence salutaire. Beaucoup d'ouvriers, méconnaissant le caractère presque familial de l'institution, y ont introduit des coutumes empruntées à nos mœurs politiques et des conceptions de parti pris qui sont la négation même de l'impartialité judiciaire.

Aussi le garde des sceaux, dans son rapport général de 1896, est-il obligé de constater que les décisions des Conseils de Prud'hommes, sont loin de s'imposer avec la même autorité qu'autrefois.

Il nous paraît très désirable d'enrayer ces regrettables tendances et nous estimons que les différentes réformes proposées ou approuvées dans notre rapport, sont de nature à atténuer les dangers que nous ne sommes pas les seuls à signaler.

Ce rapport entendu,

La Chambre de commerce de Lyon

Après une discussion générale sur chacun des articles, qui sont successivement mis aux voix,

L'adopte à l'unanimité,

Le transforme en délibération ponr être adressé à M. le Ministre du commerce, de l'industrie, des postes et des télégraphes.

L'impression en est ensuite votée.

Pour copie conforme :

Le Secrétaire, membre de la Chambre,

F. GUERIN.

30595 — Lyon, imprimerie du Salut Public, 71, rue Molière.